AF234123

27 décembre 1852.

CATALOGUE

D'UNE

PRÉCIEUSE COLLECTION

DE

TABLEAUX

ANCIENS ET MODERNES,

Des Écoles Italienne, Espagnole, Flamande et Française,

ET D'UNE SUITE COMPLÈTE DE

VITRAUX ANCIENS,

DES 16e ET 17e SIÈCLES,

ET DE

QUELQUES CURIOSITÉS,

Composant le Cabinet de M. le Comte de R** [Tibert]

DONT LA VENTE AUX ENCHÈRES PUBLIQUES AURA LIEU,

POUR CAUSE DE DÉPART,

HOTEL DES VENTES MOBILIÈRES,

Salle n° 2,

RUE DES JEUNEURS, N° 42,

LE LUNDI 27 DÉCEMBRE 1852, A UNE HEURE.

Par le ministère de M° RIDEL, Commissaire-Priseur,
335, rue Saint-Honoré,

Assisté de M. FERDINAND LANEUVILLE, Expert,
73, rue Neuve-des-Mathurins,

Chez lesquels se distribue le présent Catalogue.

EXPOSITION PUBLIQUE

Le Dimanche, veille de la vente.

Exemplaire de Beurdeley père.

PARIS

MAULDE ET RENOU

IMPRIMEURS DE LA COMPAGNIE DES COMMISSAIRES-PRISEURS,

Rue de Rivoli prolongée.

1852

CONDITIONS DE LA VENTE.

Elle sera faite au comptant.

Les acquéreurs paieront 5 centimes par franc en sus des adjudications.

DÉSIGNATION

DES TABLEAUX

BASSAN.

1 — Adoration des Bergers.
   Ce tableau est traité à la manière du Titien.

BÉGA (C.).

2 — Sur la lisière d'une forêt, deux chèvres broutent des chardons.

BÉGA.

3 — Dans un cabaret flamand, un joyeux paysan tient un verre et une cruche avec lesquels il semble entretenir sa gaieté ; près de lui une femme et quelques hommes font une partie de cartes.

BLOEMEN (Van).

4 — Chevaux dans une étable.

Panneau

BOURDON (S.).

5 — Les Pains de propositions.
Sujet biblique, avec un grand nombre de figures.

DU MÊME.

5 bis — Rebecca à la fontaine.

BREEMBERGH (B.).

6 — Départ des Hébreux.

CARPIONE.

7 — Des Satyres ont enchaîné l'Amour et se moquent de lui.

CEREZZO (Matéo).

8 — Saint François d'Assise en méditation devant un crucifix.

CHAMPAIGNE (Ph. de).

9 — Les deux sœurs Arnauld d'Andilly en prières. On voit au loin Port-Royal des Champs.

Toile : — Haut., 1 m. Larg., 1 m. 50 c.

COELLO (Claudio).

10 — Un Alcade et sa femme sont présentés à la Sainte Vierge par leurs patrons saint Dominique et sainte Thérèse, autour desquels de nombreux groupes d'anges portent les emblèmes de la prière, les lis et les roses, l'amour et la pureté. Les figures, de grandeur naturelle, sont de la plus belle ordonnance, et supérieures à celles que le Musée espagnol possédait. Ce maître est mort fort jeune et ses œuvres sont très rares.

DEHEEM (David).

11 — Fruits divers. De sa belle manière.

Toile.

DICK (Van).

12 — La Vierge apparaît à un moine soutenu par deux anges.

DU MÊME (en Italie).

13 — La Vierge et l'Enfant.

DIETRICH (W.).

14 — Paysage boisé et montagneux ; des vaches traversent un pont. Quelques figures animent ce tableau qui est éclairé par un vif coup de soleil.

Panneau.

DOMINIQUIN (D'APRÈS).

15 — Ancienne copie réduite de la Communion de
saint Jérôme.

ELZHEYMER.

16 — Paysage boisé et montagneux, avec figures.
Tableau d'une grande finesse d'exécution.

Cuivre.

FRANCK (F. LE JEUNE).

17 — L'Enfant Jésus entouré d'un texte de l'Évan-
gile.

Cuivre.

DU MÊME (SIGNÉ).

18 — Hommage à l'Abondance. Allégorie.

Panneau.

GANDOLFI.

19 — David tenant la tête de Goliath.

GOYEN (VAN).

20 — Entrée d'un village.

HOLBEIN (DATÉ 1553).

21 — Portrait de lady Jane Gray, de grandeur
naturelle, vue jusqu'aux genoux. Elle porte
le costume et les bijoux de l'époque, et en

médaillon le portrait de son époux, lord Dudley Guitford.

Ce portrait, le seul réellement authentique qui existe de cette princesse, a appartenu à Jacques Ier, roi d'Angleterre, qui l'avait apporté dans son exil à Saint-Germain. Il est encadré dans une bordure anglaise en chêne sculpté, avec la couronne royale et des anges funéraires.

HUGHTEMBURG.

22 -— Engagement de cavalerie.

Ce charmant tableau, une des œuvres les plus capitales du maître, peut rivaliser avec un Wouvermans.

JANSSENS.

23 — Dans un intérieur, plusieurs personnages sont à table tandis que d'autres font de la musique.

J. G. G. F. (DATÉ 1606).

24 — Sainte Madeleine tenant un crucifix.

Ce tableau est traité à la manière de Carlo Dolci.

LARGILLIÈRE.

25 — Portrait de Madame de Mailly, maîtresse de Louis XV.

LÉONARD DE VINCI (École de).

20 — Sainte Famille.

La Vierge assise tient sur ses genoux l'Enfant Jésus qui embrasse saint Jean.

Cuivre.

LESUEUR (Eustache).

27 — Nativité.

La sainte Vierge tient sur ses genoux l'Enfant Jésus dont le corps glorieux éclaire seul l'étable. A quelque distance saint Joseph est en prières.

LORRAIN (Claude, daté de Rome, 1640).

28 — Port de mer. A droite de hautes collines et de nombreux édifices; à gauche un groupe d'arbres derrière lesquels le soleil se couche. Le moment choisi par l'artiste est celui où l'astre va disparaître sous l'horizon; les tons sont chauds et les ombres se projettent déjà au loin. De charmantes figures et des barques en mouvement animent la scène.

La date indique que ce tableau est de la meilleure époque du maître

Haut., 1 m. Larg., 1 m. 50 c.

METSYS (Quintin).

29 — Descente de croix.

MICHAUD.

30 — Un homme, une cruche à la main, écoute
une femme qui lit une gazette.

DU MÊME.

31 — Une femme assise, et ayant un panier de fruits
sur ses genoux, présente un verre de vin à
un homme placé près d'elle.

MOLA (FRANCESCO).

32 — La Fuite en Égypte.
Saint Joseph s'est arrêté sous une grotte
pour donner de l'eau à Marie. Un groupe
d'anges vient adorer le divin Enfant.
Petit tableau de la meilleure manière
du maître.

NETSCHER.

33 — Un jeune garçon tenant un oiseau sur son
doigt, le défend contre les attaques de son
chien.

OUDRY (J.-B., 1726).

34 — Chien en arrêt sur un faisan.

PERRIN DEL VAGA.

35 — Vénus et les Amours. Allégorie.
Provenant de la galerie du cardinal Al-
bergotti d'Arezzo.

PETERS (Bonaventure, signé et daté).

36 — Vue de l'entrée de la rade d'Amsterdam par un gros temps. Plusieurs vaisseaux de guerre et quelques chaloupes sont à l'ancre. OEuvre remarquable du maître.

Panneau.

POTTER (Paul, signé).

37 — Jacob recevant la tunique de Joseph.

ROMANELLI.

38 — La Vierge au rosaire, avec saint Dominique et saint Jérôme.

ROTHENAMER.

39 — Diane et Actéon.

RUBENS.

40 — Hercule, après avoir vaincu le dragon, s'empare des pommes du Jardin des Hespérides.

Panneau.

DU MÊME (d'après).

41 — Copie réduite de la Descente de croix d'Anvers.

TADDEO GADDI.

42 — Triptyque de forme gothique italienne sur fond d'or.

Sur le panneau principal, la Vierge, dans une gloire céleste, est entourée d'Anges et de Saints ; sur les deux panneaux latéraux, saint Grégoire et saint Jacques.

Les figures de cette importante composition sont pleines de grandeur et de noblesse.

Haut. : 2 m.

TÉNIERS (D).

43 — Engagement de cavalerie où Téniers s'est peint lui-même au milieu de la mêlée.

Ce tableau, qui est plutôt une esquisse terminée, est fait avec beaucoup d'esprit et de verve.

Panneau.

TITIEN (D'APRÈS).

44 — Vénus couchée. Copie du tableau de Florence.

SARTE (ANDRÉ DEL, ÉCOLE D').

45 — Sainte Famille.

L'Enfant-Jésus joue avec un oiseau sur les genoux de sa mère.

Ovale.

SIRANI (ELISABETH).

46 — La Vierge et l'Enfant-Jésus.

SON (YAN).

47 — Fruits divers suspendus à un mur.

DU MÊME.

48 — Oiseaux posés sur une table.

STOOP.

49 — Combat de cavalerie.

SWANEVELT (Herman).

50 — Paysage boisé et accidenté. Effet de soleil couchant. De nombreuses figures ornent ce tableau.

VENUSTI.

51 — La Nuit de Michel-Ange.
De la famille Quaratisi.

WERFF (A. Van der).

52 — Jésus dans le temple.

Superbe composition d'un grand nombre de figures et de la plus grande finesse d'exécution.

ÉCOLE MODERNE.

BELLANGÉ (Hip.)

53 — Épisode de l'histoire de Don Quichotte.

BODEMAN et CHASTENAY.

54 — Vue au soleil couchant d'un hameau flamand
avec des bergers et leurs troupeaux.
Le groupe de vaches est fait par Chas-
tenay. Charmante composition.

BOILLY père.

55 — La Main-chaude.

BOISFREMONT, signé et daté 1802.

56 — Paysage d'un style historique.
Vue d'une riche campagne avec monu-
ments, figures et animaux. Avant le lever
du soleil.

BOUCHER.

57 — Deux jeunes filles surprenant un berger endormi le réveillent en le chatouillant.

DU MÊME.

58 — Jeunes filles au bain. Pendant du précédent.

DU MÊME.

59 — Des Amours endormis, entourés de raisins.
Allégorie de l'Automne.

DU MÊME.

60 — Une jeune fille endormie sur une gerbe, le signe du Lion sur les nuages. Allégorie de l'Été.

Grisailles.

DEMARNE.

61 — Le Passage du gué.

Ce tableau, un des plus jolis du maître, est exécuté dans la manière de Karel Dujardin.

GREUZE (D'APRÈS).

62 — Tête d'expression.

GREUZE (J.-B.).

63 — Jeune fille au crayon rouge.

GREUZE.

64 — Tête de jeune fille d'une expression pensive.

Panneau.

GUDIN, daté 1843.

65 — Entrée d'un port.

Mme HAUDEBOURG LESCOT.

66 — Une jeune fille, assise sur l'herbe et occupée à faire une guirlande de fleurs, est surprise par un jeune homme qui lui met les deux mains sur les yeux.

KOEKOEK.

67 — Intérieur de forêt vivement éclairé par le soleil. De jolies figures enrichissent ce tableau.

Nous rappelons à MM. les amateurs que les ouvrages de ce maître sont très recherchés en Belgique et en Hollande et qu'ils se paient fort cher.

LANCRET.

68 — La Toilette du matin.

DU MÊME.

69 — La Demande refusée. Pendant du précédent.

OUVRIÉ (JUSTIN).

70 — Vue du Mont-d'Or (Auvergne).

DU MÊME.

71 — Vue d'Aigues-Mortes prise du phare au bord du canal.

ROUSSEAU (PH.).

72 — Le Chien du curé.

DU MÊME.

73 — Le Bichon de la marquise.

VERBOECKOVEN.

74 — Intérieur d'étable. Très joli tableau du
maître.

VERNET (Joseph), daté 1788.

75 — Paysage montagneux baigné par une rivière ;
plusieurs femmes se livrent au plaisir du
bain. Effet de soleil levant.

ÉCOLE ROMAINE.

76 — Loth endormi. Ses filles regardent de loin
l'incendie de Sodome.

Panneau.

ÉCOLE FLAMANDE.

77 — Le Triomphe de Galathée.

Panneau.

DUBUT.

78 — L'Enfant qui pleure et l'Enfant qui rit.
Sculpture en marbre blanc sur fond
noir.

79 — Deux paysages sur porcelaine.

80 — Sous ce numéro seront vendus plusieurs arti-
cles de porcelaine du Japon et de Chine.

CATALOGUE

DE

VITRAUX ANCIENS

SUISSES & AUTRES,

ARRANGÉS EN 12 PANNEAUX,

CONTENANT CHAQUE

Plusieurs Sujets et Fragments réunis ensemble,

TELS QUE

LÉGENDES SACRÉES, ARMOIRIES, CHASSES, ETC.,

FORMANT UNE COLLECTION COMPLÈTE DE SPÉCIMENS,

Les plus rares et les plus précieux,

DES 16e ET 17e SIÈCLES.

(La collection entière pourrait former un seul lot, s'il y a amateur).

N° 1.

Vitrail suisse, écusson d'armoiries, avec la légende : *Cornelius Boots, Nichts sonder Gott, 1610.*

Suzanne surprise au bain, vitrail suisse, 1684.

Médaillon peint en grisaille, sujet pris de l'Arioste.

Petit vitrail extrêmement fin : Jésus-Christ sauvant saint Pierre, avec la légende : *Gaspar H. der Statt Baden, 1648.*

Divers fragments.

N° 2.

Écusson d'armoiries, avec la légende : *Egolff von Kneringen, 1564.*

Autre écusson d'armoiries, avec la légende : *Jacob Huolb zu Ulm, 1593.*

Médaillon grisaille or, la Flagellation, d'après le Titien.

Divers fragments.

N° 3.

Une Pietà, vitrail suisse orné, avec la légende : *Johannes Guntlly Landsman in der March, 1622.*

Médaillon très fin, sujet pris des Machabées, avec la légende : *Jacob Müller, secrétaire du chapitre de Bremgarten, 1671.*

Médaillon, vitrail français, saint Louis et saint Henry.

Médaillon grisaille, la Résurrection.

Divers fragments.

N° 4.

Ecusson d'armoiries, avec la légende : *Jacob Algower, bourgmestre de la ville de Saint-Gall, 1620.*

Médaillon très fin, la Circoncision, avec la légende : *Herr Oswold Vogt Zum Mentzigen, 1667.*

Petit vitrail, les Conditions de l'Homme, avec légende.

Petit médaillon fondu, la Flagellation, sujet tiré de l'Apocalypse, avec la légende : *Herr Beat zum Oberhofen, 1688*

Divers fragments.

N° 5.

Une Vierge glorieuse, vitrail suisse orné, avec la légende : *Johannes Gangyner, Landsman in der March, et sa femme, 1624.*

Une Chasse au cerf.

Médaillon grisaille ; scène de l'Enfer du Dante.

Divers fragments.

N° 6.

Vitrail richement armoirié, avec légendes.

Paysage extrêmement fin au centre, avec légende et les dates 1616 et 1609.

Ecusson d'armoiries suisses, avec la légende : *Christofel Egli zum Rotenhaus, 1666.*

Deux médaillons : le Jugement de Salomon, 1680, et un sujet familier, 1641.

Divers fragments.

N° 7.

Sainte Famille dans un paysage, vitrail français du xvii° siècle.

Petit vitrail grisaille or; l'Enterrement d'un patriarche.

Médaillon grisaille or; le Jugement dernier.

Quatre petits sujets remarquables par leur finesse, fragments.

N° 8.

Le Couronnement de la Vierge, vitrail suisse orné, avec la légende : *Johannes Amer zu Lachen, 1625.*

Petit vitrail orné et armoirié, extrêmement fin, entouré d'arabesques : la Communion de la Sainte Vierge, avec la légende : *Herr Hauptman, Herr Volgang Keyser, 1665.*

Voici un spécimen de tout ce qu'on a produit de plus fin, de plus brillant de couleurs. Le vitrail est émaillé des deux côtés pour figurer les lointains.

Médaillon, armoiries, avec la légende : *Heinrich Gessner, 1648.* Nom célèbre en Suisse.

N° 9.

Très riche vitrail orné : la Vision de saint Augustin, avec la légende : *Johannes Hutz zum Lachen, 1622.*

Vitrail suisse : la Chasse à l'ours.

Médaillon grisaille or : les Maux de l'Amour.

Deux portraits, avec la légende : *Berhard suter Burger der statt Zoffingen, et sa femme, 1643.*

Divers fragments.

N° 10.

L'Adoration des Mages, vitrail suisse, 1589.

Écusson d'armoiries, avec la légende : *Hans Rudolph Künberg burger der statt Bern Schreyber der statt Arount, 1639.*

Autre écusson d'armoiries, avec la légende : *Hans Gaspar Vaser des Roths, burger der statt Zurich, 1642.*

Autre écusson d'armoiries, avec la légende : *Houptman Batt Jacob zu Zug, 1602.*

Charmant petit vitrail suisse de la plus grande finesse : la Prédication de saint Jean-Baptiste, daté de 1661.

Égal à celui du n° 8.

Divers fragments.

N° 11.

Vitrail richement armoirié, avec légendes : le Songe de Jacob, avec la légende : *Herr Sebastian Toring, Landsmen de la ville d'Appenzell, 1609.*

Écusson d'armoiries entouré de vues sur le lac de Zurich, avec la légende : *Carle Werdema, 1582.*

Une Pieta, vitrail armoirié, avec la légende : *Dorothea Maria Unterlatterin, abbesse, 1516.*

Petit médaillon : Sainte Véronique.
Autre   dito : Hercule et la Volupté.
Autre   dito : Job et ses amis.
Fragments.

Nº 12.

Magnifique vitrail d'armoiries orné de sujets allégoriques, avec la légende : *Elias Habacuc Ingolst, 1620*.

Médaillon grisaille or : Sainte Madeleine.
Divers petits sujets et fragments.

Maulde et Renou, Imprimeurs de la Compagnie des Commissaires-Priseurs, 7205 rue de Rivoli prolongée, au coin de celle de l'Arbre-Sec.

www.ingramcontent.com/pod-product-compliance
Lightning Source LLC
LaVergne TN
LVHW010517060726
842527LV00005B/2048